孩童完全自救手冊④

這時候，你該怎麼辦？
—急救方法—

發行人 〉 林敬彬
出版發行 〉 大都會文化事業有限公司
登記字號 〉 局版北市業字第89號
地址 〉 台北市基隆路一段432號4樓之9(雙雄世貿大樓)
電話 〉 (02)7235216(代表號)
郵政劃撥 〉 第14050529號
戶名 〉 大都會文化事業有限公司

文字編輯 〉 王聖美‧林敬婉‧黃懿平
插畫設計 〉 林俊和
封面設計 〉 林澄洋

美術編輯 〉 維克特股份有限公司
電話 〉 (02)9621124

中華民國85年元月初版
中華民國86年七月初版二刷
ISBN 957-992-940-8 (套書‧精裝)

孩童完全自救手冊④

這時候，你該怎麼辦？
－急救方法－

大都會文化事業有限公司

序　文

　　災害預防及急難救助之應變能力，是現代社會中每個人應具備的知能，對於一個從未遭遇災害的人，是無法想像遇到災害時生死毫髮之間的無力感。

　　台灣地區隨著經濟的發展，雖然已邁入高度開發國家之列。但是意外災害在我們週遭環境經常會目睹其發生，其中有許多發生在充滿著童真 —— 未來國家主人翁身上，實在令人感到萬分婉惜。

　　在即將邁入二十一世紀的社會中，個人以為應該讓全民對災害預防及急難救助的常識普及化，安全教育更應往下紮根，讓未來主人翁從小就能夠熟悉並瞭解面臨危機的處理方法，懂得如何保護自己，甚至在危急的時候還能幫助他人，救人一命。

　　欣聞大都會文化事業有限公司，編著一系列有關孩童安全教育的「孩童完全自救手冊」，內容包括小朋友在日常生活中可能面臨的突發狀況，其處理步驟及急難救助方法，深入淺出，頗有教育價值。相信這套書付梓可以讓社會上關心孩童安全教育的人士，提供安全正確的急難救助資訊，共同使國家未來的主人翁，生活得更快樂，國家更有希望。

台北市政府消防局

局長　陸臺身

序　文

　　個人自從接下女警隊隊長職務以來，便不遺餘力的推行保護兒童安全與婦女援助的計劃。但由於社會快速的變遷、生活與消費的習慣日漸改變，工商業社會與以往農業社會的景況已不復相同。以往只可能發生在大人身上的一些意外與刑事案件，隨著社會的變化亦可能發生在孩童身上，因此完整的孩童安全教育是勢在必行的。

　　欣聞大都會文化事業有限公司，此次特地編著了一系列有關兒童安全教育的「孩童完全自救手冊」來幫助孩童學習如何獨立與應付父母不在身旁時所發生的危難，經由這系列書籍的幫助，孩童可以明確的知道危機處理的明確步驟，讓它們知道如何保護自己和幫助別人。其實不論大人或小孩都應有危機處理的常識，突發狀況發生時成人們都可能手忙腳亂，更何況是成熟度不及大人的小孩呢！所以只有靠著熟悉危機處理的步驟，並保持冷靜的態度，必能化險為夷。

台北市政府警察局　女子警察隊
隊長

給小朋友的一封信

　　嗨！各位未來的主人翁你們好，生活是充滿驚喜與意外的。當你獨自一人在家時，隔壁卻失火了！這時候，你該怎麼辦？當你在上學途中遇到騷擾你的人！這時候，你該怎麼辦？你和同學在家裡玩時，同學卻吞下了硬幣！這時候，你該怎麼辦？

　　其實這些小常識，是平常爸爸媽媽或老師都會告訴你的，但當情況真正發生時，你卻可能一時驚慌而不知道處理的正確步驟，因而耽誤了時效性，而造成了一些令人遺憾的結局！我們相信，小朋友們是有能力做好危機處理的，只是缺乏一個有系統且專業的危機處理法則而已。

　　現在！你們可以不用耽心了！在孩童完全自救手冊——「這時候，你該怎麼辦？」這一系列書中，編者提供了七十多種危機處理的方式。當你在閱讀之前，你也許不知道原來日常生活中，會遇到如此多的突發狀況；但在閱讀過後，便會有一些如何處理的步驟在你心中浮現。在危機發生時，只要你能將心情保持冷靜，再依照書上所列的方法，按步就班去做，便能使你安然的度過每一次危機。

　　當你開始閱讀孩童完全自救手冊——「這時候，你該怎麼辦？」時，可以先想想看當你遇到相同情況時，你會怎麼做，然後再參考本書的各種處理方法，事後記得要跟家裡的人討論然後作記錄，這樣等你碰到相同情況時，你就不會手忙腳亂反而能夠反應迅速，將意外的傷害或災害損失減至最低，甚至救了自己一條小命哦！

致 父 母 和 師 長 的 一 封 信

　　還記得麥考利克金所主演的〝小鬼當家〞嗎？在孩子的成長過程中，常常會經歷許多我們無法預料的突發狀況。當我們不在他們身邊的時候，遇到了一些危險的狀況，他們該怎麼辦？在這個工商業的社會，早就應該有一套完整的危機處理手冊，來幫助孩子們學習如何化解日常生活中所面臨的突發狀況。

　　而我們出版孩童完全自救手冊 ── 「這時候，你該怎麼辦？」這一套書的主旨，正是針對在大人來協助之前，讓孩童學習自己解決問題，不僅可以讓他幫助自己，也可以幫助別人。除了正確的解決步驟外，我們更搭配有淺顯易懂的插畫，讓孩童能藉由生動的圖畫中，了解危機處理的方法。

　　當然，這套書不盡然可以完全蓋括所有的突發狀況和解決的辦法；但儘可能提供各種方法，至於如何運用則要看當事人的熟悉度和反應了！在你的協助之下，鼓勵孩子閱讀此書，在翻開書上方法之前，先思考孩子遇到情況會怎麼做？再叮嚀孩子應對的步驟和最重要先做的事，逐一核對孩子意見和書上的異同，然後選取適合你們家庭的狀況、孩子學校的情況、再搭配孩子成熟度和能力的解決方法。

　　本系列書籍還可製成相關課題，如針對身體所受到的各種傷害，可以製成急救週課題：包括鼓勵孩童檢查家裡和學校醫療設備、練習急救方式、製作成有關危險陌生人或火災逃救的課題。

　　除了七十多種解決方法之外，本書亦有危機處理備忘錄，從每日的小細節做起，使孩童在突遇狀況時，不至於手足無措，其單元亦包括了如何做一些簡單的急救處理。

　　孩童完全自救手冊的立意，是要小朋友能熟知危機處理方法，而當他們身陷危險情況時，腦中就會馬上浮現解決步驟，自然能化解危機，甚至救人一命。

大都會文化事業有限公司
總經理

林敬彬

敬上

急救方法
你可能遭遇的情況

被狗咬　　　牙齒斷了　　　頭部撞傷

流鼻血　　　割傷手指　　　膝蓋擦傷

瞭解危機情況後，　先想想看你會怎麼做，　然後再閱讀本書所列的解決方法，　最後記得和你的家人共同討論。

孩童完全自救手冊④

這時候，你該怎麼辦？

－急救方法－

目次

狗狗咬你

你和狗狗玩小皮球，狗狗太興奮了，竟然在搶球時，咬了你一口，你的小手開始流血了。這時候，你該怎麼辦？

8

1. 趕快先用肥皂和水清洗傷口。
2. 拿消過毒的紗布蓋在傷口上，並直接壓迫直到止血為止。
3. 在傷口上抹藥。
4. 用繃帶將傷口包紮起來。
5. 告訴爸媽發生的事。
6. 請問醫生你要做什麼步驟，來預防狂犬病或破傷風感染。

注　意

如果你曾經被流浪狗咬過，要趕快通知捕狗機關，請他們立刻把那隻狗抓起來並帶去化驗，確定有沒有狂犬病毒，並要通知你的醫生。

9

蜜蜂螫你

在動物園中，一隻蜜蜂螫你的手臂，而且立刻紅腫疼痛。這時候，你該怎麼辦？

10

1 用鑷子試著把刺拔出來。如果沒有鑷子的話,千萬不要用手強迫拔去它,否則反而會把刺中殘留的毒液擠到皮膚內。

2 可先用乾淨的濕毛巾或濕手帕敷在傷口上,不僅可以減輕疼痛,還可緩和毒性漫延(用冰袋冰敷更好)。

3 告訴大人並儘快到園中的急救站或醫療站檢查

注 意

如果你對蜂螫過敏或同時被很多蜜蜂螫到,趕快找管理員、急救站或是到醫院急診室,在你還沒到達之前先用冷紗布減輕你的不適,到達後醫護人員會給你抗組織氨劑減輕你身體對蜂螫產生的不適反應。

11

發疹子

烤肉回來後，你身上突然出現疹子。根據以前的經驗，你想應該是碰到具有毒性的植物。這時候，你該怎麼辦？

12

1 用肥皂和水溫和地清洗發疹子的皮膚，千萬不要用布刷洗或是抓傷口。

2 塗抹消炎藥膏止癢。

3 如果有水泡出現，更不要抓破以免疹子擴散，如果疼痛不止就需儘快請大人帶你去看醫生。

13

流鼻血

哥哥上完空手道課後，很高興的要教你新招式，一不小心哥哥的腳踢到你的臉，你的鼻子就流血了。這時候，你該怎麼辦？

14

1 趕快坐在椅子上靠著， 讓頭微微向後仰， 手按著鼻樑上的軟骨， 大約五到十分鐘止血後才可放下來。

2 在額頭放一條濕毛巾， 你會覺得舒服一些， 而且有助於止血。

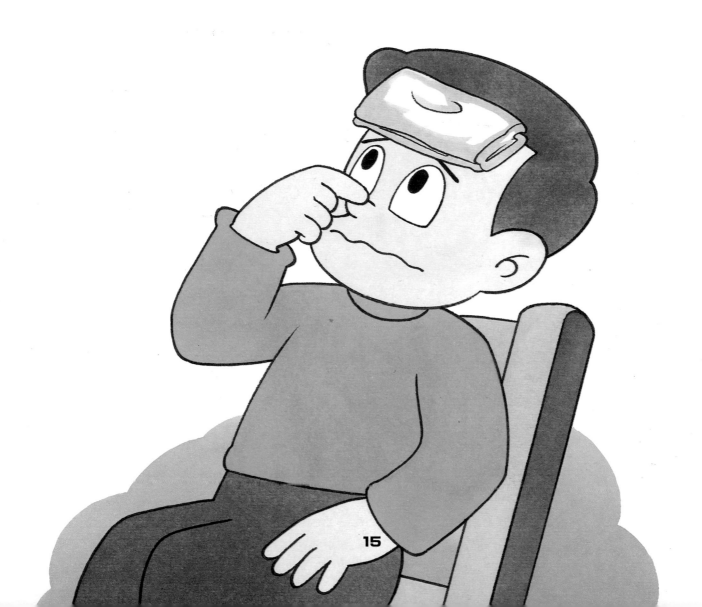

15

膝蓋擦傷

你在學校的操場上玩躲避球，不小心跌倒，膝蓋破皮流血了。這時候，你該怎麼辦？

1. 用肥皂和清水洗手。

2. 用乾淨的手帕拍乾淨傷口附近。

3. 輕輕的用肥皂和水清洗傷口，不要用手直接碰觸傷口。

4. 用一片消毒過的紗布蓋在傷口上。

5. 在傷口附近塗上消炎藥膏。

6. 如果身邊沒有急救用品，儘快到醫務室（保健室）請護士阿姨幫你處理。

注意

只要皮膚破皮就很容易感染，所以如果傷口有紅腫發炎的現象，一定要馬上看醫生。

割傷手指

你到廚房切水果吃，在切西瓜時，不小心切到手指，無法止血。
這時候，你該怎麼辦？

1. 用肥皂和清水輕輕的清洗手指。
2. 在水龍頭下沖洗傷口。
3. 用一張乾淨面紙包好你的傷口。
4. 把手抬高到頭頂之上抑制血流或用直接壓迫法使其止血。
5. 止血之後抹藥並包紮傷口。

戳傷腳指

你在游泳池畔走路，一不小心踩到一根生鏽的鐵釘，雖然沒有很深，但是你把釘子拔出來後，傷口還是流血了。這時候，你該怎麼辦？

20

1. 輕壓傷口把血擠出來。
2. 用肥皂和水清洗傷口。
3. 到游泳池的醫務室抹藥並包紮傷口。
4. 告訴爸媽發生的事，可能你需要去打一針破傷風。
5. 不要小看傷口，如果繼續游泳的話，傷口很可能會受到細菌感染而發炎。

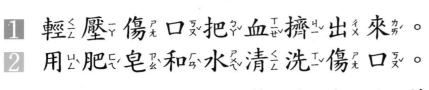

注意

如果傷口很深，就要去看醫生以預防感染。

21

刺ㄘˋ傷ㄕㄤ 手ㄕㄡˇ 指ㄓˇ

你ㄋㄧˇ在ㄗㄞˋ搬ㄅㄢ教ㄐㄧㄠˋ室ㄕˋ椅ㄧˇ子ㄗ˙時ㄕˊ，
不ㄅㄨˋ小ㄒㄧㄠˇ心ㄒㄧㄣ被ㄅㄟˋ木ㄇㄨˋ頭ㄊㄡˊ刺ㄘˋ到ㄉㄠˋ手ㄕㄡˇ指ㄓˇ。
這ㄓㄜˋ時ㄕˊ候ㄏㄡˋ， 你ㄋㄧˇ該ㄍㄞ怎ㄗㄣˇ麼ㄇㄜ˙辦ㄅㄢˋ？

1. 用肥皂和水仔細清洗傷口附近。
2. 拿一把鑷子，用酒精或碘酒消毒尖端部分。
3. 用冰塊使傷口處鎮痛。
4. 用消毒過的鑷子把刺拔出來。
5. 刺拔出來後輕壓傷口周圍讓血流出。
6. 然後再用肥皂和水仔細清洗手指。
7. 抹藥並包紮傷口。

注意

如果刺插得很深或是跑到指甲下面，請大人帶你去看醫生。

23

手臂燒傷

姐姐在廚房煎蛋時，
突然她的袖子著火，
家裡又只有你和她。
這時候，你該怎麼辦？

24

1. 如果姐姐再跑來跑去，只會更助長火勢；叫姐姐躺下來滾動或用水潑她的袖子，火才容易熄滅。
2. 馬上關掉爐火。
3. 協助姐姐先將受傷的手放在水龍頭下，用大量的清水沖受傷的部位。

25

4 打 119 告訴他發生的事、你的姓名、你家住址。

5 將手泡在水中，小心的把袖子脫下來或用剪刀剪開，如果衣服黏在皮膚上，就不要拔開。

6 繼續泡在水中，並不斷的加入清水，以降低受傷部位的疼痛感及溫度，並安撫她救護車快來了。

26

7 不要自己幫姐姐抹藥或用紗布包起來。

8 切記燒燙傷之急救步驟：

1. 沖 — 用冷水沖傷口，以降低局部溫度。
2. 脫 — 在水中將傷口附近的衣物脫除。
3. 泡 — 將傷口繼續泡在流動的冷水中。
4. 蓋 — 用乾淨的毛巾蓋在傷口上。
5. 送 — 送醫急救。

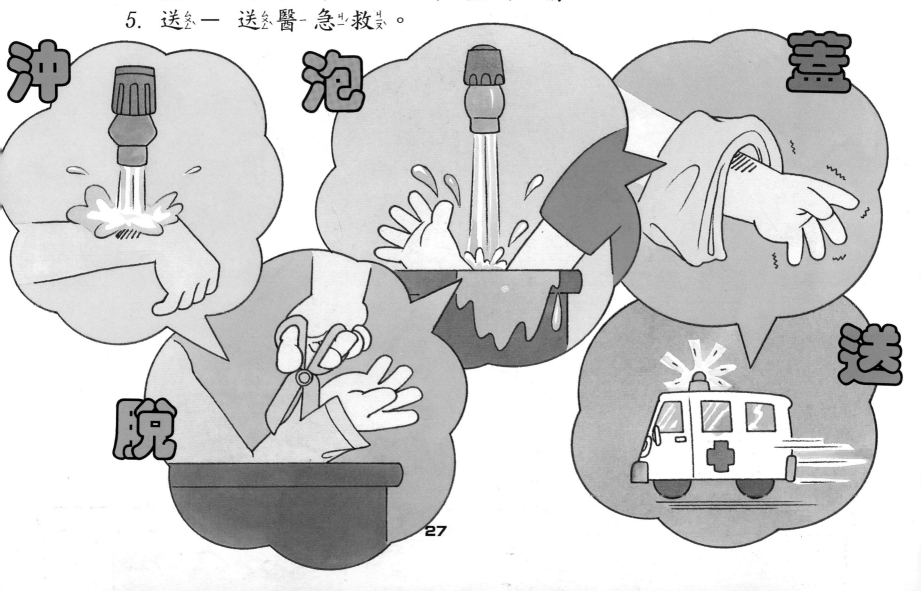

27

化學藥品濺到眼睛

自然課做實驗時， 你不小心把化學藥品濺到眼睛。 這時候， 你該怎麼辦？

1. 化學藥品對眼睛的殺傷力很強，在眼睛裡面停留越久傷害越大，所以要趕快做處理，稀釋它的毒性。

2. 拿一個大玻璃杯裝清水清洗眼睛。

3. 把頭微微傾斜，不要讓化學藥品跑進另一隻眼睛裡。

4. 清洗時盡量眨眼睛，讓化學藥品流出來。

5. 持續清洗十分鐘。

6. 告訴老師發生的事。

7. 到醫務室檢查眼睛。

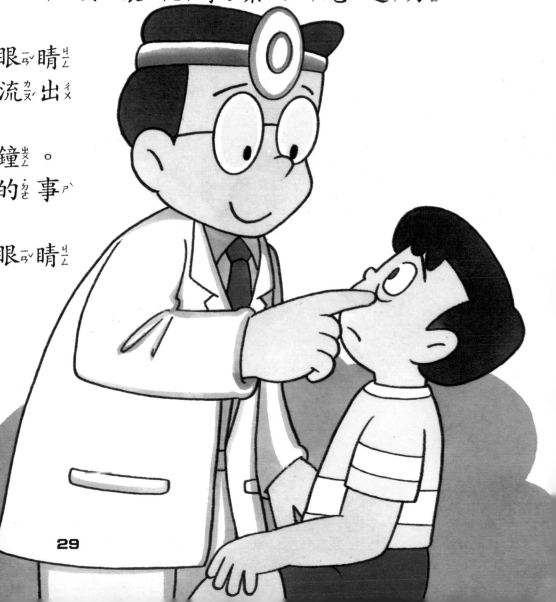

注意

下次做實驗時，記得要帶護目鏡保護眼睛。

29

眼睛裡有異物

在學校操場玩時，
一陣風突然吹起，
有沙子跑到你眼睛裡去了。
這時候，你該怎麼辦？

1 千萬不要揉眼睛。

2 照鏡子看眼睛裡面有什麼，一次一次慢慢來，把眼瞼翻開，看看有沒有砂子在裡面。

3 如果有，試著用濕毛巾或濕手帕的一角把砂子撥出來。

4 如果砂子不在眼瞼裡面，而是在眼睛裡面，那就不要去碰它。

5 用清水輕輕洗眼睛。

6 告訴老師發生的事，馬上去看醫生。

31

球打到眼睛

體育課時，你和同學在玩躲避球，同學不小心把球傳得太高打到你的眼睛。這時候，你該怎麼辦？

32

1. 眼睛黑青其實是一種瘀傷，是眼睛附近的微血管破裂，不需要去看醫生，除非有破皮或眼球有受傷。
2. 不要揉也不要洗眼睛。
3. 休息一下，檢查眼睛有沒有破皮，視線清不清楚。
4. 放冰袋或冰毛巾減輕疼痛和消腫。

自己做個冰袋

將冰塊放入一個乾淨的防水袋，封口封起來，包上手帕或衣服充當冰袋。如果裡面冰塊融化了，把水倒出來再裝冰塊進去。

33

牙齒斷了

短跑比賽時，你跌倒了！臉撞到地上，起來後才發現有一顆門牙掉了。這時候，你該怎麼辦？

1 請同學幫你找那顆牙齒。

2 找到後，用冷水洗乾淨，不要用任何清潔劑或毛巾擦拭。

3 把牙齒裝回原位，用手固定。

4 如果無法固定，把牙齒用容器裝冷水浸著。

5 牙齒若一直流血，就先到醫務室拿棉花咬住後，再去看醫生。

6 帶著你的牙齒馬上去看牙醫。

頭部撞傷

你弟弟從鞦韆上摔下來，
頭撞到地上昏倒了。
這時候，你該怎麼辦？

36

1 請旁邊的人幫忙打 119。
2 幫弟弟解開第一顆扣子，不要移動他。

37

3　給他蓋件衣服或保暖的覆蓋物、保持溫暖。

4　如果他的頭在流血，放消毒過的紗布或乾淨的手帕在他傷口上。

5 輕輕壓住傷口止血不要移動到他。

6 如果弟弟清醒過來，讓他靜靜躺著不要動，等救護車來。

7 打電話告訴爸媽所發生的事。

注　意

即使傷者沒有失去意識，撞到頭也可能會造成頭部血管破裂，非常嚴重。如果弟弟覺得頭暈、頭痛、想吐或嘴巴、鼻子、耳朵出血，要馬上送醫。

39

背部摔傷

爺爺從樓梯上跌下來，
傷到他的背和脖子，
而家裏只有你一個人在家。
這時候，你該怎麼辦？